*Quel che nessuno dice sulle*

# ADOZIONI

E come affrontarle al meglio

Maria Lanzone
Salvatore Viscuso

*Se questa testimonianza aiuterà anche una sola coppia amorevole ad adottare un bambino saremo, in cuor nostro, ugualmente genitori.*

Un ringraziamento particolare all'associazione: *Amici dei Bambini* e al suo Presidente Marco Griffini, che da oltre vent'anni lotta a favore dell'infanzia abbandonata.

Il nostro impegno non termina qui. Stiamo creando un sito d'accoglienza per le coppie che non sono riuscite ad adottare come noi.
Potrete seguire gli aggiornamenti digitando: Volevo adottare.

# Premesse Fondamentali

Un figlio è un dono, è sempre qualcosa di più grande di noi perché è uno degli emblemi del mistero della vita, sia esso naturale o adottato: non lo si può avere per forza.

Ciò non toglie il fatto che alcuni di noi sentano comunque il dovere di continuare a lottare per gli orfani che sono circa 168.000.000 nel mondo (dati Ai.bi.)*

*(senza poter contare i tanti bambini del Congo e del Kenya, abbandonati a se stessi perché NON ESISTONO poiché non hanno un nome).*

Sicuramente molte famiglie sarebbero felici di adottare questi piccoli, se l'iter delle adozioni non fosse così aberrante sotto troppi punti di vista.

La prima assurdità consiste nel fatto che l'Italia è l'unico paese europeo che IMPONE l'autorizzazione del tribunale dei minori! PERCHE'?

Facciamo parte della Comunità Europea o abbiamo capito male? Alcune ASL richiedono addirittura 15 incontri, prima di preparare la relazione sulla coppia, da presentare al tribunale dei minori.

Chi non c'è passato farà fatica a immaginare cosa significhi sopportare un tale numero di incontri.

L'esasperazione del sistema è soprattutto di questi ultimi quattro anni (i consensi d'idoneità si sono letteralmente DIMEZZATI, nonostante le richieste di adozione aumentino e sono ogni anno più numerose); per diversi motivi, che tratteremo in seguito.

Il motivo ufficiale è che una piccola percentuale di coppie hanno restituito i bambini, ma approfondiremo quest'aspetto più avanti.

Ai.bi. Associazione Amici dei Bambini

Scriviamo questa testimonianza di una richiesta di adozione finita male, perché uno dei problemi e dei dispiaceri maggiori che abbiamo sofferto durante il percorso è stato l'impossibilità di confrontarci con altre coppie nella nostra situazione e persino con coppie che hanno tra le braccia un figlio.

Perché tanta reticenza?

Perché il percorso in molti casi è talmente estenuante, avvilente e mortificante che le persone coinvolte non riescono nemmeno a parlarne.

L'istinto di sopravvivenza le spinge spesso a volersi buttare alle spalle un vissuto traumatico per non nominarlo più, per timore di evocarne il dolore.

Per non parlare della paura di ritorsioni che viene instillata, e permane persino anni dopo l'arrivo del figlio (usiamo la forma maschile per comodità di narrazione, ma ovviamente abbracciamo entrambi i sessi).

Scriviamo anche con la speranza che questo nostro gesto incoraggi altri a parlare pubblicamente del loro vissuto, affinché qualcosa cambi al più presto e perché:

tutti devono sapere a cosa si va incontro, e imparare a conoscere i meccanismi che stanno dietro a certe assurdità.

Ovviamente non è così per tutti, perché se dovete avere un figlio egli arriverà nel modo e nei tempi più impensabili.

Troverete gli operatori giusti e adatti a comprendervi, nella regione o regioni più agevolate nel momento più favorevole, come è già accaduto per molte coppie.

Stiamo scrivendo per chi, come noi e SIAMO IN MOLTI, voleva e vuole donare se stesso a una creatura bisognosa, ma oltre a venire giudicato non idoneo, che ovviamente può rientrare in un disegno di vita, viene maltrattato oltre troppi limiti.

Chi compie serenamente e consapevolmente questa scelta, chiedendo alle istituzioni la possibilità di compiere un grande gesto d'amore che protrarrà per tutta la sua esistenza, non si aspetta certamente di essere processato, perché (tranne rare eccezioni) è in assoluta buona fede.

Chi, sano di mente, agirebbe una scelta di vita così importante con tutte le difficoltà che comporta?

Pensiamo soltanto alle questioni più comunemente conosciute, come le lunghissime attese burocratiche, il doversi recare per mesi in chissà quale angolo del pianeta, mettere da parte tutto il denaro che serve.

Ma soprattutto chiedersi, nel silenzio del proprio cuore, se si sarà umanamente in grado di far sbocciare l'amore tra se e questa creatura sconosciuta, se si sarà in grado di farlo mettendo magari anche a dura prova il matrimonio, per tutto l'impegno che richiederà.

Uno invoca le sue risorse e le risorse della coppia, si arma di coraggio e parte.

Ci si presenta agli operatori, magari un po' ingenuamente, perché si spera di essere aiutati e supportati in una scelta simile e si rimane invece subito scioccati (ovviamente non sempre) da quel che pare l'inizio di una mattanza.

Anche se si ha già un po' di autoconsapevolezza e si conoscono le proprie intenzioni ci si ritrova comunque di fronte a degli psicologi, che hanno dalla loro il potere intrinseco dell'archetipo, che va a rovistare in malo modo nella psiche annientando anche le difese più strutturate.

Stiamo riportando tutto ciò perché:

*Finché nessuno sa, nulla potrà cambiare.*

**Vi riporteremo tutte le informazioni e i suggerimenti utili che abbiamo raccolto, per cercare di agevolarvi il più possibile, e per denunciare questo sistema...**

Sarebbe assurdo non pensare che esistano anche degli assistenti sociali e psicologi ASL umani, in gamba e veramente disponibili.

Forse lo sono tutti all'inizio, ma poi probabilmente il logorio quotidiano delle assurdità e atrocità che devono vedere per altri aspetti delle loro competenze, schiaccia ogni fiducia nell'essere umano, e alcuni reagiscono di conseguenza, diffidando persino di una richiesta di amare.

Tutto questo viene ulteriormente gravato dal fatto che le leggi e le barriere internazionali (è praticamente impossibile trovare un bambino italiano, spiegheremo anche questo) cambiano continuamente in base a concordati di diverse genere, situazioni politiche, calamità varie, tendenze economiche oltre a burocrazie lentissime.

Come promesso spiegheremo tutto, ma per chi volesse intraprendere la strada dobbiamo subito avvertirvi:

CONDIZIONI INDISPENSABILI PRIMA DI POTER SOLO PENSARE A UN'ADOZIONE OGGI:

1) Essere sani: ogni malattia può diventare un handicap durante qualsiasi momento del processo.

2) Disporre di almeno 30.000 euro e avere la possibilità di assentarsi per minimo 3 mesi (più spesso 6) dall'Italia, nel caso vada tutto benissimo e perfetto da subito.
Ogni complicanza alza la cifra di migliaia di euro.
Tutto ciò oltre ovviamente ad avere un lavoro stabile e ben retribuito, una casa comoda ed accogliente, con una bella stanza per il bambino, meglio se di proprietà.
Non solo... Già nel primissimo questionario del tribunale dei minori, che si può scaricare da internet, viene chiesto se si ha una seconda casa al mare o in montagna.
Superfluo sottolineare l'importanza del fattore economico.
Perché una cifra di base così alta?
Tra i costi essenziali esiste una sorta di tassa governativa, che varia da nazione a nazione (troverete l'elenco in internet) da

versare al governo di appartenenza dell'orfano prima di poterlo portare a casa.
Cifre che partono da un minimo di 5000 euro fino a 14000 (dati del 2010).
Questa "tassa" esula dai costi di agenzie di adozioni, traduzioni, viaggi, documenti e bolli vari e ti dà proprio l'impressione di comprare il bambino.
L'unica associazione che conosciamo che *non* richiede tutti questi soldi è l'associazione di Madre Teresa di Calcutta, che può addirittura organizzare l'arrivo del bimbo in Italia senza obbligarvi al soggiorno estero.
L'unico limite imposto loro dal governo indiano è che nessuno dei due aspiranti genitori deve aver superato i quarant'anni.

3) Ovviamente nessunissimo precedente penale, nemmeno da parte dei famigliari, neppure per una stupidaggine giovanile.

4) Essere regolarmente sposati da almeno 3 anni e non avere altri figli, altrimenti la richiesta ora viene automaticamente respinta, a meno che non si accetti un bambino ammalato (Aids) o handicappato.

5) Avere l'approvazione scritta dei vostri genitori, in cui dichiarano di essere assolutamente d'accordo con voi nel voler adottare un bambino.
Alcune persone anziane possono essere prevenute o creare dei problemi che vi impediranno totalmente nonostante voi siate, magari, delle persone meravigliose.

6) Avere un datore di lavoro che vi permetta di assentarvi per sostenere i lunghi colloqui e i soggiorni all'estero.
La legge dovrebbe essere dalla vostra ma....

7) Essere pronti e disposti ad aspettare ANNI (tempo minimo tre anni, se siete fortunati; la media è di sei anni, ma molte coppie ne aspettano anche dieci), sopportare qualsiasi imprevisto, disguido, disinformazione; essere letteralmente giudicati, provocati; continuare a procedere senza mai nessuna sicurezza.

8) L'età è un fattore penalizzante.
La legge dice che non vi devono essere più di 45 anni di differenza tra il figlio e il coniuge più giovane, ma preferiscono comunque le coppie meno mature.
(Tanto s'invecchia aspettando... Al tribunale ci hanno detto che iniziavano a vedere le pratiche per le adozioni italiane presentate 10 anni prima!)

SUGGERIMENTI IMPORTANTI
che abbiamo acquisito a *caro* prezzo:

a) Cercate di non presentarvi soli; vale a dire: contattate prima delle associazioni di volontariato (non le agenzie di adozioni) che vi possano aiutare.
Al momento sappiamo che esistono solo al nord, ma potrete trovare comunque informazioni su internet.
Oppure cercate aiuto (fate eventualmente anche del volontariato) presso una parrocchia che si occupa di bambini in difficoltà.

b) Vi sembrerà assurdo, ma inoltriamo il suggerimento di un professionista del settore: se ve la sentite, andate prima da uno psicologo privato per farvi suggerire le risposte "giuste" alle domande che i servizi sociali vi chiederanno.
Perché un suggerimento del genere?
Perché diversi operatori ASL accettano soltanto determinate risposte e qualsiasi risposta che si discosti un minimo va assolutamente demolita.

Non troverete il modo di spiegare nemmeno le motivazioni più alte delle vostre risposte, se non corrispondono al loro copione.
E' triste, è assurdo, ma è solo l'inizio di una serie di contraddizioni.
Noi siamo caduti soprattutto sulla domanda del *"bambino ideale"*.
Volevano che descrivessimo il nostro bambino ideale.
Abbiamo tentato di spiegare che non volevamo riversare aspettative su una creatura che aveva già sofferto, come non volevamo proiettare aspetti sul bimbo che avrebbero potuto offuscare la nostra visione e comprensione del piccolo, ma non c'era verso: rimaneva sempre e comunque una risposta completamente sbagliata!
Dovevamo inventarci una creatura di sana pianta, così loro avrebbero potuto capire come l'avremmo educato.
Non solo: siccome non avevamo in mente una creatura ideale, la nostra visione dell'adozione era troppo... Idealizzata.
Oggi avremmo voglia di rispondere: Harry Potter...
Ma non si può, perché nessuna forma d'umorismo viene tollerata.
Contraddittorio? Destabilizzante?
Preparatevi in cuor vostro ad affrontare ben altro, oppure fatevi imbeccare le risposte prima; tanto voi conoscete bene la vostra purezza d'intenzioni.
Cercheremo anche di anticiparvi qualche domanda, sebbene varino da operatore a operatore, ovviamente.

c) Anche questo è duro da dire, ma serve molto...
Presentatevi almeno un po' sottomessi, vi risparmierà qualche lacrima.
Il potere decisionale è totalmente loro, non esiste alcuna norma a vostra difesa.
I nostri incontri a un certo punto andavano talmente male che avremmo voluto filmarli, ma non avremmo comunque potuto usarli a nostra difesa.

Ci pentiamo comunque di non averlo fatto, perché siamo i primi a capire che è difficile credere a certe cose.

Ciò che segue vi servirà a presentare la domanda di adozione.

## COME INIZIA LA PROCEDURA?

Come abbiamo già precisato, non abbiamo potuto confrontarci all'epoca direttamente con altre coppie: riportiamo quel che è successo a noi sapendo, oggi, che assomiglia molto alla norma.

Dove viviamo non esistono le associazioni che stanno nascendo per preparare le coppie al cammino dell'adozione.
Si trovano un bel po' lontane e purtroppo non sempre possono aiutare, perché le situazioni variano parecchio da regione a regione.
Nelle nostre nottate in internet abbiamo trovato vecchie statistiche sulle adozioni, che variavano incredibilmente da regione a regione.
Fino a qualche anno fa era molto più facile adottare nel Lazio, rispetto alla maggior parte delle regioni italiane.
Per fare la domanda occorre avere la residenza nella regione, che-attenzione- non corrisponde sempre ai confini territoriali: può comprendere persino una provincia di un'altra regione.
Informatevi prima!
Le differenze numeriche d'idoneità erano, e forse sono ancora, talmente sbalorditive che anche molti internauti si interrogano sul perché di questa disparità.
Dopo aver letto tutto quello che era disponibile in rete un anno e mezzo fa (oggi vediamo che le informazioni iniziano ad aumentare, grazie a qualche testimonianza in più in rete) belli e fiduciosi seguiamo scrupolosamente tutte le istruzioni sul sito del tribunale dei minori, per produrre tutta la documentazione richiesta.

Alcuni documenti per l'adozione di minori (si può adottare anche un maggiorenne, ma è una storia totalmente diversa) sono gratuiti, ma gli esami del sangue sono a proprio carico.

Il primo inghippo si presentò davanti all'esame per la tubercolosi: nessuno sapeva dirci dove e come farla.

Dopo tante telefonate scoprimmo che viene praticata dall'Ufficio d'Igiene.

Immensamente sollevati dall'aver scoperto che non avevamo la sifilide, né l'aids e neppure la tubercolosi (sono i controlli richiesti anche per chi chiede il libretto di lavoro con il pubblico, e rappresentano in qualche modo un controllo sulla morale), inizio io, Maria, a viaggiare per ritirare i certificati di morte dei miei genitori, perché disponibili solo nel comune nel quale sono deceduti.

Per fortuna la mamma di mio marito, assistita dai famigliari perché ormai ultraottantenne, riesce a scrivere di suo pugno che approva pienamente la nostra richiesta di adozione.

Tutto viene prodotto in duplice copia assieme a molti altri documenti (oltre al famoso questionario) e partiamo per il tribunale dei minori, che si trova solo nel capoluogo di regione, per far protocollare la richiesta.

La segreteria ci informa che due giorni prima era cambiata una legge - la duplice copia non era più necessaria - e che non avevano avuto ancora il tempo di modificare le informazioni sul sito.

Telefonate prima di partire per avere conferma, perché NULLA è certo.

Ci viene detto che saremmo stati interpellati dal centro ASL più vicino a noi, e che potevamo aspettarci anche una visita domiciliare improvvisa.

Ci era anche giunta voce, da amici e conoscenti, che i servizi sociali avrebbero potuto interrogare i nostri vicini (magari l'avessero fatto), oppure qualche nostro parente.

Cosa fa una donna?

Inizia a tenere la casa perfetta, giorno dopo giorno, per timore di una visita improvvisa e questo a partire dalla fine di aprile 2010.

Dopo due settimane circa arriva la convocazione in questura.

Ci presentiamo e ovviamente aspettiamo delle ore per dover poi ripetere per l'ennesima volta ciò che era già stato stradocumentato nella richiesta, ponendo però questa volta l'accento sui beni di proprietà e sugli introiti.

Le persone presenti nello stanzino, candidamente esponevano le loro considerazioni personali sulla faccenda davanti a noi.

Un po' perplessi per lo svolgimento e le modalità dell'incontro, torniamo a casa ad aspettare la fatidica telefonata.

Alla fine di luglio, dopo tre mesi dalla richiesta e senza potere andare in ferie per timore di non arrivare in tempo alla convocazione, mi faccio coraggio e telefono all'ufficio degli assistenti sociali.

Risponde una Signora che borbotta, un po' spazientita, che ha visto la nostra pratica e che ci avrebbero chiamati, buttando giù la cornetta.

Dopo una decina di giorni telefonano per convocarci - il primo di una serie di incontri – e fissano l'incontro per il 13 agosto!

Arriva il giorno, e ci presentiamo dichiarando i nostri cognomi alla segreteria, ma rispondono che non esiste alcun appuntamento per noi quel giorno!

Per pura combinazione ripeto i nostri nomi e cognomi e allora viene fuori che avevano segnato un appuntamento per "Maria e Salvatore".

Divertiti, ci troviamo di fronte un assistente sociale che ci richiede tutti i nostri dati.

Dovete sapere che mio marito ha tre sorelle e due fratelli, tutti coniugati con prole, undici nipoti e tre pronipoti: occorre un'ora solo per nominarli tutti, assieme ai loro dati personali.

Conclusi gli "alberi genealogici" aspettiamo di essere richiamati, per iniziare gli incontri veri e propri assieme alla psicologa.

Giunge il fatidico giorno e dopo un'attesa di almeno quaranta minuti - che si ripeterà come un rituale ogni volta - intravedo una donna con un'espressione che mi fa accapponare la pelle.

Forse si era già calata nel ruolo d'inquirente.

Entriamo nel suo ufficio e lei inizia a parlarci come se avessimo dei problemi di comprendonio.

Forse è talmente abituata a dover aiutare persone in difficoltà che probabilmente deve usare questo linguaggio tutto il tempo, e non si rende più conto del suo atteggiamento.

Ci richiede immediatamente delle gratificazioni, perché il suo lavoro è così stressante, perché deve ricoprire più funzioni e perché lei è sempre molto stanca.

Ascoltavamo tutto ciò mentre leggevamo l'avviso sulla sua porta per le prenotazioni presso il suo studio privato, e nel frattempo cercavamo di condividere il rammarico per il sotto organico generale nelle strutture sociali.

Abbiamo appreso in seguito da un quotidiano locale che la psicologa riceve uno stipendio (lordo, presumiamo) di 55.000 euro annui soltanto per il suo lavoro al consultorio.

L'ouverture ci ha spiazzati, perché sui nostri luoghi di nascita abbiamo sentito dei commenti discutibili, che riporto perché vi aiuteranno a entrare nel clima della situazione.

Salvatore risponde che è nato nel centro storico di Catania, e lei risponde (seria): "Oh bene, piena cultura contadina!"

Quando toccò a me dissi che ero nata nel New Jersey e che vi ho vissuto fino ai tredici anni.

S'innervosì perché non avevo precisato la cittadina: "Solo per il fatto che non sono americana non significa che ioooo non possa capire la tua provenienza; d'altronde, iooo, ho visto molti film!"

Il dramma in queste risposte era la sua assoluta serietà; e noi eravamo già spaventati di esser giudicati da una persona che non riesce nemmeno a contestualizzarci, nella sua supponenza di conoscere il background sociale e culturale del mondo intero.

Avrete notato come è stata trascritta la parola: io.

Era un ritornello che si ripeteva.

Vagava un attimo con lo sguardo e dichiarava: "IOOO, (nome e cognome), neuropsichiatra infantile", e poi riprendeva a parlare.

Durante i primi due incontri, ciascuno dei coniugi deve raccontare tutta la sua vita; mentre un assistente sociale -presente, ma silente- prende degli appunti.

Al primo incontro Salvatore inizia tranquillamente a narrare se stesso, ma viene immediatamente bloccato con la prima delle loro cosiddette "PROVOCAZIONI".

Si sentono di dover, anzi devono, provocare a tutti i costi.

Salvatore è nato con un difetto congenito di pronuncia, ma dopo un primo istante e un minimo d'attenzione la sua voce è assolutamente comprensibile.

Lei sbotta: " Eh ma che voce strana che hai, cosa hai?'"

"Sei un medico... Dovresti saperlo", ti verrebbe da dire; ma poiché l'unico avviso che avevamo ricevuto era stato quello di non rispondere alle provocazioni, Salvatore con pazienza ha spiegato il suo problema.

Continua a parlare, ma viene interrotto dalla domanda: " Ma poi come ti sei risolto, perché vedo che hai una moglie gradevole!"

E uno inizia a incassare i primi insulti, cercando di far buon viso a cattivo gioco.

Ovviamente dovevo assistere in silenzio a tutto ciò, perché altrimenti passavo per la mamma chioccia che proteggeva il marito bambino.

Ma sapete qual'è l'aspetto davvero paradossale di questi metodi da Gestapo?

Abbiamo arguito, dalla prima relazione scritta su di noi, che loro in qualche modo pensano che ci si comporti allo stesso modo, sia con un adulto che con un bambino.

Per loro le provocazioni sono, in qualche maniera, uno scimmiottamento di un atteggiamento infantile; quindi, comportandosi così, sono convinti di capire chiaramente come ci rapporteremo di fronte a un piccolo.

*E' importante che comprendiate questo, perché è davvero uno dei fraintendimenti di base che può peggiorare le cose.*

A causa delle recenti restituzioni di bambini (spiegheremo) i servizi sociali probabilmente non si sentono di accordare l'idoneità e forse preferiscono demandare la decisione alla Corte d'Appello. Abbiamo avuto poi diverse conferme che questo vento soffiava e soffia ancora oggi da sud a nord.

Dobbiamo per correttezza e onestà d'intenti dire anche che forse, a causa di diverse dinamiche internazionali -alquanto complicate in questo periodo- possono arrivare (a detta dei servizi anzitutto, ma confermato anche da altre fonti... approfondiremo) dei bambini talmente traumatizzati, da rendere l'esperienza genitoriale altamente complicata.

Sappiamo tutti che questo accade purtroppo anche con i figli naturali e che la vita riserva sempre sorprese infinite, ma stiamo cercando di tener conto di ogni aspetto della cosa.

Al secondo incontro tocca a me parlare ma, prima di iniziare, la psicologa comincia a disquisire con l'assistente sociale sul come mi sono seduta.

Che volevo mettermi in una posizione dominante rispetto a loro e che quindi questo era un chiaro indice della mia volontà di dominio.

Cercavo di dire: "ho solo mal di schiena", ma lei scuoteva il capo: "no...è come dico io!"

Le ho bloccate a forza, spiegando loro un problema muscolare dal quale stavo uscendo, ma che in certi momenti si affacciava ancora.

L'aspetto più paradossale è che lei stessa, agli occhi di profani come noi, presentava dei comportamenti quantomeno particolari.

Ha, per esempio, dichiarato apertamente il suo compiacimento per i suoi jeans attillati.

Gli incontri successivi andavano sempre peggio.

Ha iniziato a mortificare Salvatore a ogni parola.

Una volta lo ha tenuto venti minuti di orologio su una frase, interrompendolo continuamente con il pretesto che non capiva la parola che stava pronunciando, quando durante il primo incontro ha compreso benissimo tutta la storia della sua vita.

Mentre lo mortificava guardava me, per vedere la mia reazione.

Vi confesso di essermi spaccata da sola due denti durante il sonno e che Salvatore non è riuscito a mangiare nulla per sei giorni, oltre ad aver avuto mal di schiena per mesi.

Stiamo ancora soffrendo, non solo fisicamente per le somatizzazioni, ma soprattutto per i modi che hanno usato per negarci l'idoneità.

Avevamo l'impressione che avessero scelto approcci mirati per ciascuno.

Certo che un bimbo avrebbe chiesto a Salvatore perché parla così, ma quando si spiega in maniera semplice e tranquilla a un bimbo che ognuno di noi nasce con un qualcosa di particolare che non dobbiamo giudicare, anche perché rischiamo ovviamente di essere giudicati a nostra volta, solitamente comprendono.

Quantomeno, questa è l'esperienza che ho avuto insegnando in una scuola materna e quella che ha avuto Salvatore, che ha cresciuto undici nipoti che lo amano molto.

Riportiamo queste parole, queste domande, queste dinamiche per "addestrarvi" almeno un po' su ciò che potreste incontrare facendo una richiesta di adozione.

ALCUNE COSE CHE POTREBBERO CHIEDERVI:

- La storia della vostra vita; soffermandosi magari sul rapporto con i vostri genitori o figure in qualche modo genitoriali (una sorella o un fratello più grandi di voi).

Quanto tempo libero avete, quanto vi impegna il lavoro.

Attenetevi ai fatti oggettivi e non soffermatevi sulle brutte esperienze, tanto ci penseranno loro.

- Di dichiarare i vostri difetti e quelli del vostro partner.
Siate clementi con voi stessi e col partner, perché loro non lo
saranno.

- Perché avete fatto domanda di adozione...

- Se avete cercato aiuto per un concepimento.
Troppi tentativi di concepimento assistito sono mal visti.

- Quel che vi piace di voi stessi e del vostro coniuge.
Attenzione anche qui, perché fanno presto a tacciarvi di egotismo.

- L'identikit del famoso BAMBINO IDEALE.
Ci dispiace, non sappiamo che dirvi.
Ci hanno riportato la risposta di un'altra coppia che ha
semplicemente detto: basta che sia sano e sereno.
Apriti cielo! Gli operatori borbottavano: li volete tutti sani!
Preparatevi: vi chiederanno più volte, cercando anche di farvi
sentire in colpa, perché non volete un bambino handicappato o
ammalato... Pensate già alla vostra risposta.

- Qualsiasi cosa possa colpire la loro attenzione, dal come vi siete
seduti, alla smorfia che avete fatto, al perché vi siete guardati tra
di voi in un certo modo.
Anche un eventuale complimento da parte loro può essere un
modo per tastare le vostre reazioni.
Ci dispiace avvilirvi, ma noi stiamo denunciando tutto ciò con la
speranza che tutto questo assurdo sistema migliori.
Quantomeno vorremmo che vi fosse più controllo sul loro operato.
Persino la pluralità di operatori non garantisce sempre
un'oggettività di giudizio.

- Sappiamo che, a volte, mostrano dei disegni e chiedono di dire
cosa uno ci vede, oppure chiedono di fare un disegno.

Su alcuni siti nominano la richiesta di scrivere una lettera al bambino, ma non succede in molti casi.

- Potrebbero tornare spesso su una frase che avete detto durante un incontro precedente, decontestualizzandola.
Chiedono e richiedono spiegazioni su ogni parola, sebbene si avverta benissimo che le abbiano già catalogate a modo loro.

*Ripetiamo che non sono le domande a rappresentare il problema: il problema vero è che spesso non ascoltano le risposte.*

Hanno infierito su Salvatore in maniera particolare perché, giustamente (almeno secondo me), ha detto che: "ovviamente occorre ascoltare il bambino per aiutarlo a elaborare i tanti dolori e traumi che si porta dentro, ma è altrettanto importante richiamarlo alla bellezza della vita.
E' importante aiutarlo a trovare aspetti positivi e interessi da coltivare, altrimenti è uno strazio continuo senza ricarica".
Fulmini e saette!!! NNNOOOOO !!! …
Non sei capace di ascoltare, non sai capire il bambino; lui deve piangere ogni volta che vuole (come se avessimo detto il contrario).
"No basta: vi mando a casa per rifletterci sopra.
Tornate fra 40 giorni".
Come Gesù nel deserto?
Abbiamo avuto l'impressione che avrebbe trovato molti difetti anche a Lui.
Basta volerlo… Certo la figura di Gesù può sembrare anche egocentrica, soprattutto se si leggono i vangeli apocrifi.
Salvatore si rivolge a me e mi chiede stancamente se avevo voglia di tornare dopo quaranta giorni.
Risposi: "ho forse scelta?" E lei urlò: "Certo! Potete scegliere di piantarla qui subito e di lasciar perdere tutto!"

Trovammo non so come la forza di sorriderle e di darle la mano (lei detestava darcela, la ritirava subito; persino alla fine dell'ultimo incontro stava uscendo da casa nostra senza salutarci).

Altro che la serie televisiva "Mamma ho preso l'aereo", nella quale fanno vedere l'iter di alcune adozioni.

Abbiamo guardato alcuni episodi: PURA FANTASCIENZA!

Baci e abbracci da parte degli operatori ASL!

Non solo: durante un episodio hanno mostrato un caso in cui la bambina si trovava benissimo in orfanotrofio!

Si trattava di una bimba che era cresciuta in un istituto sovvenzionato da fondi statunitensi; difatti parlava inglese, sebbene si trovasse in estremo oriente.

Arrivata nella sua nuova casa era triste, perché (a nove anni) non aveva il suo computer e non poteva quindi parlare con i suoi amici su facebook, oltre a essere delusa dalla cameretta.

Volesse Iddio che tutti gli orfani stiano così bene!

Non avete idea di quanti bambini arrivano talmente sporchi e malnutriti che occorrono mesi per rimetterli in salute.

Proseguiamo il racconto dei primi incontri con gli operatori ASL.

Dopo aver subito tre incontri, tutti preceduti da lunghe attese nel corridoio, lungo il quale l'operatrice passeggiava davanti a noi per salutare tutti i suoi colleghi, riporre le sue cose, tornare più volte in bagno, sempre passando e ripassando davanti a noi dopo l'iniziale cenno di saluto al suo primo passaggio, finalmente cominciamo l'incontro.

Viene fuori che lei doveva curare Salvatore, ma che purtroppo il giudice del tribunale non avrebbe più concesso loro altre deroghe di tempo.

Eh sì…aveva proprio posto le basi giuste, di rispetto e di fiducia, per incentivarlo!

Doveva curarlo perché, secondo lei, Salvatore non era in grado di esprimere i suoi sentimenti.

Se lo avesse lasciato parlare o se avesse voluto ascoltarlo, magari avrebbe potuto capire che persona è.

Molti amici suoi e nostri di lunga data erano pronti a scrivere di loro iniziativa quanto stimano Salvatore per le sue qualità umane di solidarietà, di ascolto e di conforto.

Non solo vende libri rari, fuori commercio, ma si nutre ogni giorno di essi.

Vedo i testi appoggiati sul comodino, la loro levatura e profondità. E' lui, qualche volta, a ricordarmi di essere ancora più compassionevole verso il prossimo quando mi stanco di farlo, e mi riprende quando mi dimentico che anche il male ha una sua funzione nell'universo.

Salvatore le risponde che sapevamo soltanto di dover essere analizzati e che non ci aspettavamo certo di dover entrare in terapia con lei; soprattutto perché un terapeuta va scelto, vista l'importanza e persino la pericolosità del processo.

Ovviamente questo ha scatenato una reazione, che racconteremo a breve.

Segue poi l'appuntamento per la visita domiciliare.

Cercate d'immaginare lo stress: due estranei che vengono a casa vostra per giudicarvi.

Un paio di giorni prima dell'appuntamento telefonano per rimandare di venti giorni l'incontro, adducendo non so più quale scusa.

Trascorsi questi ennesimi venti giorni arrivano (solitamente nessuno di loro accetta un caffè o qualsiasi altra cosa perché dicono rientri nelle loro regole d'incorruttibilità...), si soffermano su qualche stanza lasciando stare il resto e affrontano l'ultima parte dell'iter: il feedback.

Vi chiedono come vi siete trovati con loro.

Inutile dire che ogni nostra osservazione è stata smentita.

Concludono l'incontro dicendoci che siamo due belle persone e che scriveranno una relazione positiva, ma con una nota negativa su Salvatore.

Si avviano verso la porta senza nemmeno porgerci la mano; noi le blocchiamo e porgiamo le nostre.

## AL TRIBUNALE DEI MINORI

Dopo un mese, veniamo chiamati al tribunale dei minori.
Contenti per la velocità della procedura, belli e baldanzosi ci presentiamo davanti al giudice onorario (che è sempre uno psicologo).
Il giudice si accorge della nostra contentezza e ci chiede se avevamo letto la relazione scritta su di noi dagli operatori ASL.
Rispondiamo di no e lui inizia a leggere.
… Hanno scritto due pagine di denigrazione totale di Salvatore, attribuendogli soltanto difetti e problemi assurdi senza ALCUN aspetto positivo.
Un mostro insomma.
Su di me, al contrario e altrettanto assurdamente, soltanto pregi e persino espressioni d'ammirazione.
Sembravo l'Immacolata Concezione.

## COME PUO' ESISTERE UN'ASSURDITA' SIMILE?

Non esiste al mondo una persona completamente positiva, senza difetti, che per di più sta assieme a una completamente negativa!
Come fanno due persone del genere a stare insieme, dato che l'unica cosa riconosciuta da parte loro è che abbiamo un buon rapporto di coppia?
Sembra una parabola biblica in cui hanno ordinato a Maria di sposare il poverello, e che solo per misericordia Divina questi due vadano pure d'accordo.
Non so se riuscite a immaginare lo shock.
In un secondo momento, a mente fredda, l'assurdità del tutto ci aveva persino confortati.

Ci dicevamo che ovviamente avrebbero capito che *tutto ciò è umanamente impossibile*.

Il giudice che vi riceve al tribunale dei minori verbalizza ogni parola detta, mentre si parla.

Lui ci chiede di dichiarare le nostre ragioni e noi, mentre lo guardiamo, proviamo la sensazione di avere di fronte una persona che comprende, ma che si trova in grande difficoltà di fronte a una relazione simile.

Avevamo capito che non se la sentiva di smentire la sua collega, ma speravamo comunque in un aiuto, anche perché una delle sue prime frasi è stata all'incirca: qui vedo dell'ironia, che è merce rara.

Il primo incontro con lui è stato di contestazione del verbale, anche perché l'operatrice Asl si presentava sempre come neuropsichiatra infantile, ma ha firmato il verbale come psicologa. Aspettatevi anche di queste incongruenze, perché fanno parte del gioco di disorientamento.

Al secondo incontro, il giudice ci dice che non potevano darci un bambino, perché…

"VI AMATE TROPPO".

Per un istante ti chiedi se sei su una candid camera, ma poi urli d'indignazione.

Ciascuno di noi ha urlato frasi diverse.

Io: "Non posso uscire di qui e accettare questo, per favore non mi uccida così."

Salvatore: "Ma Sant'Iddio… Cos'è che andate cercando?"

Nel verdetto del tribunale scriveranno invece che abbiamo riso di fronte a questa loro dichiarazione; che siamo troppo coesi (cosa ben diversa).

Non sappiamo come possano averci visti ridere in quel momento.

La ragione di questa dichiarazione, ci spiegò il giudice, è che loro devono pensare prima di tutto al bene del bambino.

Se due persone si amano troppo (esiste un amorometro?

Che indichi anche le qualità, oltre alle quantità di amore possibili in una coppia e soprattutto il limite consentito?) il bambino può avere difficoltà ad inserirsi.

Potrebbe sentirsi messo in disparte e loro, i paladini degli orfani, sono lì per proteggerli da certe cose.

Inutile spiegare a queste persone (quasi tutte non sposate e che non lasciano trasparire alcuna esperienza di convivenza quotidiana di coppia, ma forti solo dei loro teoremi psicologici) che se due persone si amano sono maggiormente capaci d'amare anche un figlio.

Inutile spiegare che se due persone stanno bene così come sono, non riversano aspettative e dolore sul piccoletto.

Inutile spiegare che è un moto spontaneo voler condividere questo amore con chi ne ha bisogno; anche per motivi spirituali, morali ed etici.

Se avessimo voluto un bambino a tutti i costi avrei provato l'inseminazione artificiale: ho solo una tuba bloccata, saremmo riusciti facilmente ad averlo.

Avevamo anche la possibilità dell'utero in affitto negli Stati Uniti, che è la mia patria d'origine.

Abbiamo detto no: esistono già tanti figli che stanno aspettando il nostro aiuto.

Cerchiamo di strapparne almeno uno alla sofferenza, dandogli tutto il nostro amore possibile.

Avrete già notato come anche la coppia venga stropicciata, non solo gli individui.

Ora, secondo voi, che devono dirsi due persone che si vedono negata l'adozione perché si amano "troppo"?

Che bisogna amarsi solo un po', così arriva il bambino a colmare il vuoto?

Che è meglio amarsi "poco", così il bambino si sente importante, in primo piano?

Perché devono esistere le figure primarie e secondarie?

Qualcuno deve rimetterci sempre?

Ma che teorie sono?

Abbiamo conosciuto un signore separato che aveva presentato domanda di adozione presso la *stessa* struttura e aveva ottenuto l'idoneità: perché le *stesse* operatrici *che hanno bocciato noi*, avevano dichiarato che la loro coppia era solida, in grado di reggere qualsiasi difficoltà.

Peccato che pochi mesi dopo si siano lasciati.

Dopo un nostro accorato appello, il giudice ci concede ancora un'udienza.

A quest'ultimo colloquio troviamo il giudice affiancato da una collega, la quale esordisce dicendoci che il bambino che ci sarebbe eventualmente arrivato avrebbe avuto almeno 15 anni.

Dovete sapere che ogni volta 'sta creatura cresceva sempre più.

Per legge, avremmo avuto la possibilità di trovare un bimbo di tre anni; ma, incontro dopo incontro, 'sto bambino cresceva sempre.

Nel primo incontro cinque, poi sette/otto e infine almeno 15.

Di fronte a delle affermazioni del genere uno si chiede se loro davvero credono che sei imbecille o cosa.

Ma, anche qui, il nostro atteggiamento non andava bene.

Era una sensazione strana, ma molto forte: era come se volessero vederci spaventati, atterriti, impauriti.

Anche presso la ASL locale ci dicevano, rincarando sempre più la dose, che il bambino sarebbe scappato di casa, che avrebbe rubato, che si sarebbe chiuso in se stesso.

"VVVOOOIIIIIIII cosa farete?"

Rispondevamo che avremmo cercato aiuto, che non avevamo paura di affrontare tutto questo.

"NON BASTA!!!" Urlavano.

Uno affronta il problema per come e quando si presenta, perché ogni volta è diverso, anche se può sembrare simile.

Inutile spiegare che cerchiamo di affrontare le situazioni in maniera positiva, per non partire già esausti prima di iniziare.

No – tutto sbagliato.

Oggi abbiamo l'impressione che volessero sentirsi dire: "oddio aiutateci voi, perché siamo tanto spaventati".

Inutile anche spiegare che ogni persona è un mondo a sé, che ogni bambino traumatizzato va preso a "modo suo", che non si può generalizzare.

Che ogni situazione differisce da un'altra.

INUTILE- INUTILE-INUTILE.

Anzi: più spieghi, peggio è.

Dulcis in fundo, ci hanno chiesto di giustificare il comportamento della loro collega della ASL nei nostri confronti

(ma se la dobbiamo giustificare vuol dire che qualcosa ha sbagliato e, se ha sbagliato, ci chiediamo perché abbiano fatto quel che vi racconteremo).

Si capiva benissimo che se non lo avessimo fatto non avremmo avuto nessuna possibilità di ottenere l'idoneità.

In passato ho tenuto conferenze e seminari durante i quali parlavo anche per otto ore di fila senza problemi.

Ho scritto libri e, per consolare delle amiche, sono rimasta per ore al telefono…

Ma, in quel momento, salivazione zero.

Invocando tutti gli angeli e i santi del paradiso -perché Salvatore, sfinito, ha passato la palla a me- ho detto che può succedere che due persone non si capiscano.

Parevano soddisfatti dalla nostra sottomissione e, con un po' di fiducia in più, siamo tornati a casa.

Dopo due mesi di attesa, vediamo in internet che il termine di legge per la risposta era scaduto.

Telefoniamo al tribunale e scopriamo che il verdetto era rimasto in fondo al mucchio delle scartoffie.
Solo diversi giorni dopo arrivò la notifica……..

Mentre Salvatore leggeva mi sentivo sempre peggio, anche a livello fisico.
Questa volta, per non farne una questione personale, hanno infierito sulla coppia.
Hanno dichiarato che siamo persone incapaci di comprendere sentimenti ed emozioni, figuriamoci un bambino sofferente.
Che abbiamo una visione *idealizzata* dell'adozione, che siamo stati critici verso gli operatori (pur cercando di compiacerli) e troppo preoccupati per quel che veniva scritto sul verbale.
Ma quante cose siamo riusciti a fare, durante questi colloqui?
Che abbiamo riso quando ci hanno detto che siamo troppo coesi (ricordate?).
Che siamo troppo determinati nel voler adottare un bambino e altre cose un po' contraddittorie e nebulose.
Il giudice tranquillo e sorridente ha affondato il coltello fino all'emorragia…


L'APPELLO

Quando viene negata l'idoneità, si hanno soltanto 10 giorni EFFETTIVI per presentare l'appello (sabati e domeniche comprese).
Non sono molti gli avvocati specializzati in questo settore, ed è meglio che eventuali vostri amici avvocati, civilisti o penalisti, non provino ad aiutarvi anche se sono in assoluta buona fede, perché occorre proprio un legale che conosca l'ambiente del tribunale dei minori e i vari soggetti fisici che lo compongono.
Vogliamo ringraziare, a proposito, tre nostri amici avvocati che ci

hanno spiegato da subito l'importanza di questo, oltre a confortarci assieme a molti altri amici davvero cari.
Prima di proseguire con l'iter dell'appello - *e si apprende solo su internet o per via diretta* - è fondamentale sapere che:

PER MOLTE NAZIONI, LE FAMIGLIE CHE OTTENGONO L'IDONEITA' IN APPELLO VENGONO CONSIDERATE FAMIGLIE DI SERIE *B.*

In realtà, se la cosa ha un suo fondamento, la verità è che le agenzie di adozioni non hanno voglia di tradurre i documenti supplementari dell'appello perché diminuisce il loro guadagno, e usano ciò come pretesto per penalizzarvi nei modi più "creativi".
Che fare?
Si può ripresentare da capo la domanda di adozione: sappiamo che i tempi sono quasi uguali a quelli dell'appello e si spende di gran lunga meno.

Non possiamo darvi delle direttive assolute e sicure.
Se in appello trovate un giudice stanco di vedere tanti rigetti, vi accorderà subito l'idoneità.
Se vi trovate invece in un momento (che non è assolutamente possibile prevedere) in cui qualche coppia ha restituito i piccoli, ovviamente dovrete pagarne voi le conseguenze (sebbene non c'entriate nulla, ma pare che in Italia il sistema funzioni così).
Se trovate un avvocato che vi ispira fiducia, che vi prospetta buone possibilità di riuscita (il nostro ci disse che ne avevamo poche, per quanto avevano infierito su noi come persone e come coppia), ma soprattutto sentite in cuor vostro che è il momento e la cosa giusta da fare, sappiate che:

a) al 2011, l'onorario base per l'avvocato è di qualche migliaio di euro, SE non si presentano complicazioni o udienze supplementari.

b) dovrete pagare, ma soprattutto sottoporvi, molto probabilmente
a tre - ripeto: tre - perizie psicologiche di diverse sedute ciascuna,
da parte di tre periti diversi.
Prima perizia preventiva da allegare all'appello, seconda perizia
condotta da uno psicologo nominato dal tribunale (che pagate voi
però), il cui onorario viene stabilito dal giudice.
E un terzo perito che dovrete assumere per "replicare"
alla perizia del tribunale…
Sì: proprio come se foste dei criminali che devono difendersi.
Non sappiamo esattamente di quante migliaia di euro si tratti
perché a questo punto ci siamo ritirati, viste le poche possibilità
prospettate e l'avvilimento totale.
Ovviamente tutto questo nel caso in cui il rifiuto è "dovuto" a
problemi psicologici, come accade molto spesso. Altri motivi di
rigetto, come abbiamo già menzionato possono essere: precedenti
penali di qualsiasi entità, reddito insufficiente, purtroppo alcune
malattie fisiche e forse anche altri fattori di cui non siamo a
conoscenza.
Ci dispiace dovervi ricordare che ottenere l'idoneità è solo il
primo passo, anche se pare già un'odissea.

Una volta ottenuta, vi presenterete all'agenzia di adozioni scelta
da voi e dovrete incontrare altri psicologi, risponderete all'infinito
alle stesse domande e aspetterete.
Il tempo minimo per un'adozione pressoché idilliaca è di circa tre
anni, ma la maggior parte si protrae ben oltre.
Cinque, sei anni è la media.
E' doveroso avvertirvi che non sempre partire per una
destinazione, anche lontana, significa che potrete avere il
bambino.
Spesso occorre tornare più volte e, mentre siete in loco
(ovviamente tutto a vostre spese: in qualche nazione abbiamo

visto che impongono persino l'albergo), osserveranno il vostro
comportamento col bambino e le sue reazioni.
Hanno il diritto di rifiutarvelo, per parecchi motivi.
Questo implica dover ritornare, riprovare, sperare ancora.
L'atrocità nell'atrocità è che quando si è lì, di fronte a tanto
dolore, povertà e solitudine, chiunque vorrebbe portarsi a casa tutti
quei piccoletti, così bisognosi di tutto.
E invece occorre continuare a chinare la testa e sperare di riuscire
a strappare almeno uno di loro a tutta quella miseria.
Il nostro dolore più grande è proprio questo: dover accettare che il
sistema possa solo **pensare che un bimbo stia meglio in un
orfanotrofio anziché amato da noi**.
Beh, è per questo che stiamo lottando, sperando vivamente che
vogliate affiancarci, perché queste creature poi a diciotto anni
vengono buttate fuori dall'istituto senza che abbiano NIENTE.
Ne lavoro, ne casa, ne riferimento.
Che fine fanno? ... La strada.
Abbiamo parlato con dei ragazzi in procinto di uscire.
Ci hanno detto, spaventati, della fine di diversi loro amici già
usciti, che hanno terminato le loro sofferenze con un ago nel
braccio o peggio.
Non parliamo delle belle ragazze, che finiscono col doversi
prostituire, dopo talmente tante pressioni da parte di "protettori"
che vanno a cercale.
Meglio così piuttosto che con dei genitori che si amano troppo?
Uno si chiede in che mondo è capitato, cosa sta succedendo.
Purtroppo qualche risposta, ufficiosa, c'è.


## LE COSE PIU DIFFICILI DA SCRIVERE

Perché non vengono dati in adozione i bambini italiani, a
eccezione di quelli abbandonati in ospedale o requisiti alla nascita
a genitori tossicodipendenti conclamati?

Perché è sufficiente che un parente fino al quarto grado di parentela vada a trovare il bimbo una volta l'anno, dichiarando che vorrebbe prenderlo con sé ma che ancora non può, e il piccolo rimane in istituto.

Per ogni orfano italiano (35.000 secondo l'Ai.bi)lo Stato eroga circa120 euro ogni giorno, alcune fonti arrivano a dichiarare 150 euro. Troverete conferme di questi dati anche sull'articolo di archivio del giornale:La Repubblica del 29 aprile 2011.

Soldi che vanno all'istituto, che sceglie liberamente come utilizzarli.

Non vorremmo aggiungere altro, ma non possiamo fare a meno di chiederci:

CHI SPENDE minimo 3600 EURO AL MESE PER UN SOLO BAMBINO in Italia?

Visto che è molto difficile adottare un bimbo italiano, occorre andare all'estero; e in questo caso…

E' doveroso riprendere la questione delle restituzioni.

Siamo tutti consapevoli della facilità con cui alcune coppie si separano, anche pochi mesi dopo il matrimonio.

Questo fenomeno può rientrare nell'andamento di un'epoca storica, caratterizzata da esagerato consumismo e da altri valori poco edificanti.

Una nostra amica, maestra elementare da oltre trent'anni, ci ha confermato che esiste per davvero una piccola percentuale di coppie che restituiscono il "prodotto" non perfetto.

Aberrante, ma… Come hanno fatto a superare tutte le prove?

O sono andati a farsi dare le risposte "giuste" prima di presentare la domanda, oppure i controlli non hanno funzionato.

Pare addirittura assurdo che si possano restituire i bambini, ma su questo non abbiamo indagato abbastanza per poterci pronunciare, sebbene ci vengano in mente le lavatrici in garanzia.

Vero: ci sono anche coppie che, dopo aver provato l'impossibile, soffrendo e disperandosi prima di arrivare a una scelta così tragica, si trovano costrette a farlo.

Non riescono più umanamente a sopportare la violenza, le vessazioni, i furti di alcuni ragazzi molto problematici.

... Gli stessi ragazzi che, da bambini, hanno subito delle atrocità tali da non riuscire a perdonare niente e nessuno, e che riversano rabbia e disperazione su chiunque e in qualsiasi momento.

Abbiamo sentito di casi simili, anche abbastanza vicino a noi: nonostante ogni tentativo professionale e umano per cercare di aiutarli, le loro anime sono troppo lacerate nel profondo, al punto da rifiutare la vita.

Ma se queste creature erano in orfanotrofio, chi ha abusato di loro in maniera talmente abominevole?

Altra considerazione fondamentale: perché mandano un bambino chiaramente caratteriale, borderline, dichiarandolo "normale"?

Come fa una coppia media, soprattutto di reddito medio, a curare una creatura così straziata senza supporti concreti dalle istituzioni?

Qualcuno crede che nei paesi più disagiati del mondo, dove manca persino l'acqua, dispongano di psicologi validi, in grado di capire lo stato di prostrazione dei piccoli?

Un nostro intervistato si è recato più volte personalmente con aiuti umanitari presso degli orfanotrofi, avendo così anche modo di diventare amico dei direttori.

Alcuni direttori sono davvero in buona fede, e vorrebbero poter fare di più per i loro piccoli assistiti; ma anche loro vengono bloccati da ignominie statali e burocratiche.

Comunque, fra i bambini, gli "elementi" migliori a livello agonistico e intellettuale devono rimanere figli della patria.

Gli altri, che sono sempre molto in sovrannumero rispetto alla struttura, cosa che ovviamente crea uno stress notevole, vanno gestiti alla meno peggio.

In situazioni simili, quali bambini vengono dati via, secondo voi? Quelli tranquilli? Quelli sereni?

## APPELLO DI PADRE MANCATO

…Come padre, sarò zero.
Ma solo legalmente.
Sono stato padre come capo scout.
Padre con i miei undici nipoti.
Sono padre quando conforto e consolo un amico.
Riesco a essere padre, a volte, anche con Maria.
Per la legge italiana non lo sono, non lo sarò.
Unica in Europa che ancora dà mandato a un tribunale per stabilire
l'idoneità di una coppia.
Quando, invece, l'idoneità è nel cuore.
Per i burocrati e i professionisti del settore, non sarò padre.
Ci hanno dimostrato che non conoscono il senso di tante parole:
Dignità, Lealtà, Umorismo, Gioco, Capacità di Mettersi in
Discussione, Autorevolezza, Ascolto.
Umanità.
Guarda caso, tutte parole che aiutano ad essere padre.
Nel mondo animale, spesso i cuccioli che perdono i genitori
vengono curati dagli altri membri del gruppo, naturalmente e
senza forzature.

In una coppia non arrivano bambini.
Si comincia a interrogarsi, a guardarsi dentro, a valutare la voglia,
l'impegno, le forze, le capacità e i propri sentimenti.
E si prende la decisione di adottare.
Questo, a una giurisprudenza di buon senso, dovrebbe bastare.

Se i due non sono dei criminali,
se stanno bene insieme,
se possono garantire un po' di benessere

... Che altro si va cercando?

Se si sottoponessero alle stesse forche caudine, se si valutassero le
coppie naturali con lo stesso implacabile criterio...
Quante coppie credete che sarebbero riconosciute,
come loro dicono, "Idonee"?
Altri avranno avuto altre, migliori esperienze.
Ma la nostra ci porta a pensare che, a fronte di una realtà odierna
pesantemente (è vero) più complicata dei tempi passati,
giurisprudenza, burocrazia e sistema tutto intero
sanno solo impazzire.
E perdere qualsiasi buon senso.

A voi che leggete, due cose oso chiedere:
Siate diversi.  Ascoltate.
Siate persone.  Prendete coscienza.

APPELLO DI MADRE MANCATA

Se mi aveste ascoltata sapreste che sono già stata madre.
Madre di mia madre, che ho imboccato, lavata, cullata, protetta e
tenuta per mano, sorridendole sempre con lo strazio nel cuore,
perché lei doveva proseguire il suo viaggio altrove.
Ho provato a dirvelo...

In ogni essere umano esiste impressa nella memoria genetica non
solo lo slancio alla riproduzione ma, ovviamente, anche la
genitorialità ancestrale, altrimenti la specie umana non sarebbe
potuta giungere fin qui.
Mi avete negato persino questo...

Ho avuto la fortuna di imparare da esperti l'educazione dei bimbi,
mentre lavoravo in una scuola materna accudendo bimbi che,
divenuti bellissimi ragazzi, abbraccio ancora oggi.

Nemmeno questo vi ha interessato...

Posso essere l'ultima delle donne, posso avere tanti difetti, ma il dolore che provo davanti a questo sistema, che mi impedisce di togliere almeno una piccola vittima dal mondo dalla sofferenza, mi lacera.
Prego, come ho sempre pregato per tutte le persone in difficoltà.
Ne ho passate tante nella vita, ma quei dolori toccavano soprattutto me, non creature indifese.
Come può un essere umano, di fronte a certe situazioni, continuare a credere nelle istituzioni?
Siamo già tutti vessati da mille paure e problemi, generati da follie burocratiche.
Ma siamo adulti: qualcuno si è occupato di noi, qualcuno ci ha voluto bene e ci ha insegnato come affrontare l'avventura della vita, dandoci anche delle speranze.
E' lacerante solo immaginare un sistema che possa pensare che dei piccoletti stiano meglio abusati, affamati, soli, impauriti anziché con dei genitori "imperfetti".
Scusate...
Mi sapete dire chi è il genitore o l'essere umano perfetto?

Con cuore di madre, vi supplico di smettere di aggiungere dolore al dolore, strazio allo strazio.

Vi imploro di aiutare chi fa una scelta d'amore,
anziché mortificarlo e bloccarlo con la forza della legge.

Vi prego di ascoltare con un minimo di rispetto umano chi avete di fronte, prima di negare una vita migliore ad un bimbo.

Chiedo a tutti di diffondere queste tristi verità, di parlarne, di testimoniare.

Perché l'amore per i bambini è l'eredità più grande che possiamo lasciare a questo pianeta e al futuro.


ULTIMO APPELLO
Speriamo, con tutto il cuore, che questa testimonianza possa aiutare anche gli orfani ormai adulti a capire che saremmo stati in moltissimi a volervi, ad amarvi.
Non pensate MAI che nessuno vi ha voluti:
non avete nemmeno idea di quanti genitori sarebbero felici di avervi con voi e non pensate MAI che è colpa vostra:

E' SOLO COLPA DEL SISTEMA!

Voi siete meravigliosi!

Vi abbracciamo tutti e pensiamo a voi.

Grazie a tutti per averci ascoltati e per il vostro sostegno.

Maria e Salvatore

Se desiderate trasmettere la vostra esperienza, esprimere la vostra opinione e/o solidarietà sull'argomento, potete scrivere al sito di *Amici dei Bambini*: www.aibi.it
Nella sezione FORUM troverete la sezione:

*"LIBRO BIANCO - quel che nessuno dice sulle adozioni"*.

In questo modo tutte le testimonianze verranno raccolte da una equipe di persone qualificate e volenterose.
Ringraziamo ancora l'Ai.bi. per il suo prezioso aiuto.

www.ingramcontent.com/pod-product-compliance
Lightning Source LLC
Chambersburg PA
CBHW071327310526
45789CB00016B/1754